Made in the USA
Las Vegas, NV
08 February 2021

17488221R00069